AF371948

Va verdad

Primera edición: octubre, 2013

© Antonio Méndez Rubio, 2013
© Vaso Roto Ediciones, 2013
Madrid – México
c/ Alcalá 85, 7º izda.
28009 Madrid
vasoroto@vasoroto.com
www.vasoroto.com

Diseño de colección: Josep Bagà
Dibujo de cubierta: Víctor Ramírez
Preimpresión: Ángela Palos

Impreso en España
Imprenta Kadmos
ISBN: 978-84-15168-69-0
BIC: DCF
Dep. Legal: M-25660-2013

Antonio Méndez Rubio
Va verdad

Vaso Roto / Ediciones

(Julia. Sara. Toni)

dónde crece verdad por qué

E. E. CUMMINGS

La verdad tan sólo se da, sin temor y con temor a la vez,
con temor siempre, a quien se queda palpitante, inerme ante ella.
Y, al reencontrarse así con ella, ya no teme, pues que
no está ante ella; va con ella y la sigue; sigue a la verdad,
que es lo que ella pide.

M. ZAMBRANO

No buscamos el establecimiento de una escuela
(la verdad), pero hacemos lo que es necesario hacer.
Hacemos otra cosa. ¿Qué cosa?

J. CAGE

Todo lo que sientes es el viento de fuera.

V de V.

I

Dentro de esa inocencia
hay una parte de secreto
que habla por ti y por mí, que calla
sin encontrar un lugar
fuera de las palabras. Dentro
nadie va a despertar
                    después de
lo que no nos separó.
Cuando no iba a ser tarde.

Luego nunca amanecía.
*Los ojos miraban
el cielo sin nubes.*

II

¿Por qué no escribir
ahora que aún escuchamos
pasar de lejos más gorriones?
La gente dice: «Rojo es temblor».
Así es desde hace mucho.
La gente dice esas cosas
los sábados de fiesta, cuando se acuerda
de toda la ropa negra, por estrenar,
mientras a quien no lo tiene previsto
de pronto le sobra aliento
a medianoche
para un abrazo no desesperado. Nosotros
sabemos también desde
entonces que podía ser cierto, que
al final se encontrarían, que en un
descanso comprensible
se harían señales fugaces
sin ninguna verdad:

                      pero juntos,
sí, con los pies en la tierra
prometida.

III

Por lo demás que no
te alzas de la hendidura
definitiva
haciendo una grieta al futuro
sobre el aire de siempre *no es*
que no
sea *verdad* es que no
es ni siquiera posible
decirlo sin pensar, sin
olvidarse de
todo menos de ti.

IV

¿De verdad que *no te acordabas*
de lo difícil que parecía escribir
con todas las letras,
                  hacer
como si en un hechizo se juntaran
unas palabras con otras
y, con los ojos más fuera que
dentro del mundo,
con la mano no apartada,
no sola,
saliendo ojalá indemne
de toda mi soledad?

V

Cielo:
	no hay mucho
y nos avisa con rabia.
Árboles:
	también pierden secretos
dentro de un diccionario.
Tiempo:
	es una negación
en la que nos afirmamos.
Pájaros:
	ninguno vuela solo ni
ninguno canta igual que ningún otro.
Poema no:
	simplemente respira
tan dentro que sale fuera.

(Para Nuria Ros)

VI

Y ni siquiera es
razón para que lo supieras o
para ignorar esa conciencia
ciega de realidad,
libre. De nuevo
el lápiz que no aprendía
si no era a tientas, se
preparaba para aprender
otra vez a pintar
lo que no se sabe bruma,
a reflejarse luego
por detrás o, de
una forma no cierta,
por debajo de un cristal
no estallado...

A la izquierda un matorral verde y lila y una cepa de planta con follaje blancuzco.
En el centro, un macizo de rosas, a la derecha un vallado, un muro y por encima
del muro un nogal de follaje violeta. Sigue un seto de lilas, una fila de redondea-
dos tilos amarillos, la casa en el fondo rosada, con techos de tejas azuladas. Un
banco y tres sillas, una figura negra con sombrero amarillo, y en el primer plano
un gato negro. Cielo verde pálido.

(L. Sánchez-Saornil / A. Artaud)

VII

Desde antes de
que pudiera empezar a engañarse
toda esa misma gente
que ahora pasando *dice «rojo es amor»*
también esta misma tierra,
que nadie pisa ante nosotros,
era seguro (como si
fuera ahora)
de un color atrapado por suerte
en algún transparente
vaso de vino.

VIII

De por sí
no es la noche de hace poco –pues
realmente desapareció
la última posibilidad
de hablar de ella. Aunque (¿sabes qué?)
ya nada de
todo lo que se diga
va a salir a la luz, o
a una advertencia de luz, que
parezca decidir
cambiarse por nosotros: ir
sin volver de un adiós. (¿Ves?) No
puedo ni abrir los ojos...

IX

Salvo que viene de él,
¿qué sabe la conciencia del amor
por lo que están pasando los demás?
Es como si, en mitad de un banquete,
las palabras de todos se volvieran ciertas
y, al otro lado del cristal, alguien
dijera: «La promesa en secreto
de acercarnos sin más, despacio,
al final de las preguntas
¡*es verdad*era! Contra el muro
invisible
¡se ve que suena!».

X

Por aquel entonces
cuentan las últimas lenguas: que
érase una vez
que se hablaba en el aire. Se escuchaba:
el aire, tratemos de ver qué
se puede sacar de este viejo tema. Pues
no hay que tener miedo. Sin embargo,
tengo miedo: miedo de lo que mis palabras
harán de mí, de mi escondite. Una vez más,
en el filo de la pena y la dicha,
ya,
lo que no hayas oído
nos antecede en qué tiempo o qué
signo a modo
de huella.

(S. Beckett / M. L. Gore)

XI

No miraste hacia atrás.
....
Y cuando, antes del alba, pude
salir por fin a encontrarte
tú estabas ya en otra casa, nunca
o así
para siempre en la tierra,
donde alguien pasaba miedo
a que se terminara todo
de repente
              –¿me oyes en la penumbra
aún pendiente de nosotros
llamar?
            Sí que se comprende
que el silencio nos confunda: no
nos salve. Unos signos más claros
que nunca
hacen el mismo ruido
que aire en el exterior del cielo.

XII

Y, *si hay un puente*
desde el error que cometió esa letra
transcrita
al vuelo de una cometa cualquiera
tiene que haber una medida,
no una añoranza,
ni un remanso en la intuición
de que hay también
debajo de ese puente en silencio
actos que hablan por sí solos.
                              Se
tararean al sol. Se
curten como una piel de noche. Saben.
La luz los tizna.

¿Nos vamos a bailar?

XIII

A todo esto
la lluvia cesa
igual que si no tuviera pasado.
Mírame: espigo sin hablar:
busco cerezas, nubes
solas o desatendidas, que
pasen por encima de mí.
Cavo la tierra.
             No
queda claro que la docilidad
pase a palabra
mientras nos quede alguna
palabra. Es solamente eso.
                 No
es fácil saber que pides
volver por la mañana
a un lugar que nos cuide. En
lugar de eso pide
oír irse los verderones y
haz de mí toda mi
huella anónima.

(A. Varda / A. Kiarostami)

XIV

Era la única forma
de que un futuro se hubiera
podido decir:
salvando el aviso de todo futuro.
Perdida o saludable voz
de quien salta silbando.
                              Don
de la mañana crecida
fuera de ti:
que todo el tiempo fuera
tiempo contigo. No
deuda ya que el resto
del todo es imposible
darlo sin terminarlo
de dar. Con una vara rota
alguien marcha que no
piensa en venir. No trazaría
un círculo en esa tierra.
Escucha bajo el cielo...

XV

Cuando oigas hablar de ley
me tienes que olvidar para yo darte
más de lo que puedo
decir. Antes que nada: no
hay excusa. Hay rocío. Sé ahora
que no sólo en mi conciencia
duele la luz: la misma
clarísima sinrazón
que va del candor al humo. Me
ves venir en una pregunta:

                              ¿por qué no

vamos juntos al río
aunque aún no sea verano?
En el fondo de esa agua no hay monedas.
Mejor allí. Pues es
temprano. Mira: brilla el sol
en la orilla imposible. Queda
pan para el camino. Da
tiempo.

XVI

Después de ver lo libre
que llega el miedo a hablar
por hablar
    desaparece.
       Habla
como espiando la luz.
Todo empieza por ti
a pronunciarse sin remedio. En esta
pura rabia también pernocta
el hueco de las palabras
que no se dijeron
ni se dirán.
    Mira
por dónde la tierra prometida viene
a ser solamente un
lugar para vivir
en el cielo de la boca.

XVII

Quisiera estar más dentro de tu olvido,
más lejos que nunca
de mí.

Ni siquiera en silencio.

Nada hay después de ti
que pueda permanecer
por demasiado tiempo.

Ese tiempo o
vida se revuelve
siempre después de ti.

XVIII

Sigue tú con la vista
perdida la arboladura
de esa palabra
tan defendida,
suelta,
que no cabe fuera del mundo.

De todo lo posible sólo
falta el sol.

Se necesita otra vida
entera para entenderla.

XIX

Habla también tú
aunque falte el idioma
para nombrar el día, para
decir que se nublan las
alas de los pájaros.

Tú,
que sabes dónde se alcanza
a otra vez entrever
la cabaña de telas,
                    habla:
asume,
resiste,
rechaza. Descubre
lo que guarda un secreto
grabándolo sobre metal
oscuro. Envolviendo regalos.
Recorriendo el camino.

(P. Celan / G. Celan-Lestrange)

XX

No se
cumple
por si
prende.
Tiempo
solo:

¿qué más
quieres
de mí?

XXI

Gente sin sol,
tiempo de paso: despacio,
por fin vacía, la voz
esa sin querer escribe
más sobre lo que escuchara.
Tacha hablando
todos esos nuevos nombres.
Y ahora nadie puede oírlos.
Respira. Guarda
para donde no haya
nada. Dura. *Todo el rato*
la sola
formación de una sombra o
condición para vivir es
si hay. Si sigue así. Sí:
hay.

XXII

Más de noche de la nada
ya surgen
todos los pretextos,
todas las costumbres.
No son razones. No
se adelantan al párpado
donde quiera que el párpado, desasido, se abra.
No es seguro que nos alcancen
mirando el agua lejos
de nuestro cuerpo. Han hecho fuego.
Por el humo se encrespan
todas las semillas.

XXIII

Su claridad de conciencia
no viene del cielo como tal
cielo.
            Por otra parte,
ya se ha hecho de día.
Se confunden destellos. Y
mi idea es que se deje
muy pronto de saber
lo que aún no se sabe
decir.

XXIV

Todo lo que no sea
una sola fecha,
una sola vez
¿con qué fin custodiarlo
bajo la forma de un saludo
a lo que no va a llegar
a pasar? Rechazar eso mismo,
en esta tierra menos respirada
que el tacto de la ceniza,
ojalá, por lo menos, sirviera
para que alguien
con la voz encendida
....

nos contara una historia
que no fuera de sumisión.

XXV

Por mucho adiós que
nos evitara no
se entiende que se aclare el cielo.
Cristal ciego:
        a flor de qué
piel,
qué eternidad que no
se cierne en un siempre sin cuando
nos corresponde... Verdad sin obediencia
no consuela de noche.
Y sin embargo en esta
tierra que no es natal no
se reflejan las estrellas. Una separación
consiste en que un pájaro no se oiga o
no vuele.
      ¿Me oyes?...
Por eso las preguntas a nosotros
nos llevan a un silencio que las aves
interrumpen.

(S. Dagerman / L. Al-Ajyaliyya)

XXVI

Ay, tanto que digo y oigo:
me tienes que ver
respirando
por fuera y a la vez por dentro
de un aura que se apaga,
se enciende, siguiendo
una huella descendida
hasta no saber su origen, que
no conoce la culpa de ser
un rastro apenas, la
huella blanca, cierta, de soñar
contigo.

(Blanqui)

XXVII

Por fuera del desenlace
nos abrazábamos por no saber
enmudecer, dormir.
                      No
mucho después de aquel ruido
de hojas que crecen, donde
brilla aún un sol alzado,
solamente me he quedado
con
un resto de libertad que
se parece a temblar
                          en
un lugar terroso, crudo, donde
dar la vuelta a la piel,
donde mi cuerpo se confunde
conmigo. Nada más: todo por
no decir: *esa es la
realidad.*

XXVIII

Ninguna herencia. Ningún espejismo.
Ninguna divisa tampoco
para oír esa derribada
voz en un lado
de la cabeza. Ahora
ya no nos despedimos
porque las palabras cambian
de sentido mientras se ven al raso
o atraviesan el silencio
del muro. Por eso
la tierra es sólo exilio o bien
un plazo que no se cumple.
Dime la verdad: ahora
¿cualquier cielo es un
nuevo cielo?

XXIX

Da tiempo. Dar
todo el tiempo. Mirar
nada salvo
la simple intransición
acústica del verbo.

XXX

Lo único que quería
de esa tierra
era no tenerla en la boca, no
conocerla. No perseguir
a alguien sin nadie cerca.
Y respirar. Oler
a nada hasta en el aire,
extractos de amapola.

¿Era tanto pedir?

XXXI

Tal vez. *Espera*. Escucha
desvanecerse el tema, el miedo.
       Hay
nieve de sobra para estar a solas, juntos,
otra vez. La tierra la sostiene
aunque sólo sea por eso. Nada
se confunde con la ausencia de nada.
Esa alianza, que dimos por perdida,
suena sorprendidamente
perfecta al acogerlo. ¿Lo entendemos?
¿Qué más se puede decir?
¿Se separan las nubes o buscan otras?
Quédate un momento cerca
por si es posible. Daría todo por
oírte oírlas.

XXXII

Cielo arriba. Y
todo bajo las manos.
Pregúntame tú mientras
por el único árbol
al que van a volver los únicos
pájaros
que todavía, que siempre
y todavía nosotros
no esperamos.

XXXIII

Una voz
exclamaba creyendo
que estaba viendo mundo: «¡Nieve!
¡Nieve!».

Unos pasos
se cruzaban sabiendo
que no era nieve lo que se hundía
al oír de fondo: «¡No
se puede! ¡No se puede!»

XXXIV

Saliendo de la niebla,
esos niños,
            con un frío
que ya no se esconde en el cuerpo,
ahora nos miran por no
renunciar a aquella idea
entonces
como a ellos los miraron,
les escribieron,
en silencio, con tinta,
para que no olvidaran
ni siquiera la luz del sol.

Da dentro el viento de fuera.

Tal como consta en las claras
planas
de un diario de alguien
que ha desaparecido.

(C. Schumann / L. Janáček)

XXXV

Nada entre tierra y cielo.
No hay límite
que valga.

En las calles no vemos
ni soñamos bajo techo.

Vamos de la mano...
¡Basta ya de promesas
que nieguen ese abismo!

XXXVI

Un camino exterior
al horizonte:
si una sombra se despertara
(y se despierta) se olvidaría
de que el cuerpo no era una sombra suya,
de que estás bajo el sol
boqueando
y confundes los colores
porque no hay aquí símbolos,
sí sigilo: nosotros
en un cristal no eterno, no arriba,
sí sal
sin la arena de siempre: sí
que esta vez es
real.

(Para Eduardo Milán)

XXXVII

¿Por qué de algún corazón
que aprende, por fin, a significar
alguna cosa para alguien
no se borra aunque lo quisiera
la imagen callándose de
esas puertas abiertas?

XXXVIII

Lo único como lo que
no veo tu voz
es como una promesa.
Ni la mañana siquiera (¿por qué?)
renuncia a oírnos
hablar. Y quien escucha no
se lo pierde. Sin silencio,
sin ausencia, la ilusión
de estar tan cerca siempre
escarba por nosotros
una voz sin temor,
una razón sin
razón.

XXXIX

Aliento hacia el cristal
breve. Causa o plazo
para que, pase lo que pase,
se vieran árboles,
para explicarlo todo.
Pues se oyó: *eres
verdad*: nada que se parezca
a nada como un poder.

XL

Las palabras no significan
otra cosa porque decimos
adiós. En ese momento
su misma
indefensión las custodia
como si estuvieran en el mundo
real. *Tengo que... Tengo que...* ¿Así
siempre? ¿Y por la noche cuando
nadie quiere marcharse? Esas
sí que son palabras:
pueden con cualquier duelo. Se
recuerdan con su sombra y todo. No
sirven para vivir.

XLI

El suelo que era su sitio; por donde andaba sin acabar de erguirse, donde siem-
pre volvía a caer... las cosas, las ramas, las paredes se movían, iban cambiando;
y eso, atender a lo que cambia, ver el cambio y ver mientras nos movemos, es el
comienzo del mirar de verdad.

(M. Zambrano / J. Cage)

Tiempo al tiempo.
Mira: pasan nubes,
a través de su intensidad,
por un azar que aún es su sitio,
su cuerpo. Entretanto
removemos agua
con las manos abiertas o
aprendemos a pensar
más en coger trenes
que en esperarlos. No sabemos.
Haz la prueba. En
una palabra, di: si
no es de eso, ¿de
qué vivimos?

XLII

Por debajo del cielo,
volando.
He visto unas cigüeñas
quedarse, flotar
sin saber cómo.

Llegan.

El mundo es lo único
inseguro. Nunca
es demasiado pronto.

XLIII

Aquí hay un bosque
del que se nos ve volver
juntos. Ya no estamos tan solos
aunque no venga nadie.

Soy yo quien dice
gracias. Quien
te lo está pidiendo: ven.

Habla aquí.

XLIV

Deja oír
hierba bajo los pasos
dejándote de ver
(*qué pasa*).

Hazte entonces ausente.
                    Por unos días
vuelve al error conmigo
de ser una presa libre: de
cruzar un lugar al sol.

(Rok)

XLV

A falta de otra cosa
la humillación sustituye a un cuidado
posible. La aurora: un estupor
ante lo que se nos aplaza
mirándolo sin esfuerzo. Así que
cae la noche
fuera de la eternidad.
¿Me entiendes? El mundo en ti
se olvida todos los días
como una idea en alguna parte,
como en una palabra. Ningún
dedo nos señala. Ningún
dedo nos sella los labios.

XLVI

Hasta lejos,
allí donde precisamente
se termina la comprensible
forma del camino, o bien
de una vez fuera de la casa,
donde tú quieras
que nos encontremos en secreto,
mirar que nada se ha perdido,
ir, poner la voz a
decir verdad.

XLVII

Igual que los espejos sirven
para respetar las leyes,
vueltos del revés ayudan, de repente,
a que se nos comprenda.
No que se nos acompañe
a dormir, a atravesar largos
puentes por encima de un vacío
no sabido,
a lo mejor necesario.
A que se nos comprenda.

(Para Lucía Boscá)

XLVIII

Casi es el cielo
lo que alguien pide para que no acabe
este día. O también
para que no se escuche la pregunta:
¿Lo ves cómo se aleja?

La ciudad no se adormece. Es
única y, a lo mejor por eso,
todavía no nos espera.
No como entonces. Aunque
no siempre
había gente que nos amaba tanto
que, nada más irnos,
nos empujó hasta la gloria
de un olvido muy dulce
donde más amarnos
aún: anochecer en donde
perdonarnos
en el acto.

XLIX

Nunca es nunca
por el tiempo perdido.

*El mundo de antes
se puede ver no muy lejos.*
¿Quién no sabe mirar?

Se puede
vivir sin comprender nada.
Se debe
vivir sin comprender nada.

L

Por eso
una mariposa no es ninguna mentira.
Ni las estatuas se acuerdan
más de la piedra que del aire.
No es tampoco la verdad
lo que de día se entiende
por comprender. De repente,
ya a la luz
de cualquier forma,
nombres como los nuestros
ya no se escriben, se
nos escapan del todo...

LI

Los ojos que allí querían
estar alerta,
no cerrarse, ahora ven un destino
que los vencidos por su voluntad despreciaron
por poco. No van
a reconocerlo. Apenas
si obedecen. Prefieren el castigo
por adorar nubes
antes que saber nombrarlas.
Pagan así su precio
por esperar que hubiera verano.
No se merecen
esto.

LII

Defendemos el miedo
a ser abandonados
con la fidelidad.
La ley no dice nada
sobre que tú no puedas
desvelarte o beber
más agua por la noche.

(Tao)

LIII

Presencia de casi todo
tan cerca,
en silencio: que alguien
me diga para qué te quiero ver
justo ahora
cuando
no hay mundo, no
se terminan las frases y,
en verdad,
tú también andas
sobre un suelo no descubierto,
no por descubrir.

LIV

Aunque fueran palabras...

LV

Mudez, mudanza nueva
–y esta vez es por siempre
nueva, ¿vista? Tocar la tierra
mirando la tierra. Una humildad
de aquí, de no, aunque
sea de palabra. ¿Alguien
hay asegurando
que esa sombra huérfana de sí misma
que persigues, reluciente,
que aparece ocultándose,
es acaso mentira?

(Chispo) /borrador/

Sobre cómo se habla
cuando
el hablar viene de una vergüenza o
(también se puede decir) de una apariencia
de llevarse pensamientos y
otras cosas hasta alguna parte
                              se ha dicho
mucho. Se ha levantado un ancho
muro de piedad, que dura, hecho
de un olvido vacío, ya
nuestro. Cierto. *Ojalá tú sí*
des con la aparición de un aire
de la piel hacia afuera,
gracias al que la suerte
respire en un reflejo de sombra
donde crecen ramitas, hojas
de ajenjo.

LVII

Aunque se termine el libro
un silencio sin
nada más que silencio y
sin mención sí
sigue.

Sigue...

LVIII

El permiso de nadie que no se devuelve.
El tiempo que nos queda de canción.
Las pulseras olvidadas de Tzara.
Las flores del verano.
Más tierra.
Calor.
Pasos para que todo fuera exilio.

(Estado francés, agosto 2010)

(Para Joaquín López Bustamante)

LIX

Siempre. Una negación
se espera de la verdad:
que dure. Que no haya más
hambre. Y al menos un
día después
de que se terminara el infinito,
no tarde, por la noche,
se prometió
no apartar de la vista las ramas
ni
rozar más la tierra que el aire,
no cambiar de soledad
bajo un cielo más grande todavía.

¿Por qué la escarcha luce
entre la hierba escondida? Un
día que no recuerdas
te pregunté: ¿Qué es el
mañana?

LX

Escribir no es una forma
de ver. Aún menos de saber
cómo se olvidan las nubes
del camino, del agua, del cielo
confundido con un sino
de eternidad. De ese vacío depende
su resonancia. Vibra lo
dicho con las palabras
pues las separa de nosotros. Nos
basta querer
negarlo: hasta incluso el azar
es más nuestro que ayer mismo. Somos
suyos. Y lo demás
si ha ocurrido ha ocurrido
por la otra parte del espejo. Mira
donde ahora estoy
abrazando con fuerza la tierra
que oye pasos. Yo
soy quien te iba a enseñar a hablar.

(P. Kropotkin / A. Tarkovski)

LXI

¿Qué silencio?

Para quien amanece
no es ninguna verdad. Por
eso
bajo la lluvia,
también con fuerza,
la flor crece en el barro:
esa desposesión
es la más necesaria.

LXII

Cuántas veces,
             de momento,
al despertarnos sobre nieve,
en medio de todos esos árboles
oscurecidos por el miedo a verlos
desaparecer, unos muy
cerca de otros,
un rastro de vapor o
menos que un sueño se
ponía como si fuera a subir
desde el cuerpo hasta el aire
perdido
en niebla de amanecida,
                   como
si pudiéramos recordar todas
esas veces. Sin nostalgia. Lo que
hoy como allí queremos es
nada más que
poder
escuchar que crepitan brasas
donde estaba el refugio.

LXIII

En esas noches,
además de desprotección,
literalmente,
hay el *sueño* de un pájaro
pero *al revés*. Un
cuerpo que ante todo existe
incompleto, distinto,
no espera ni se desdice:
avanza, busca y
da de repente en tierra
con otra soledad.

(Para José Luis Puerto)

LXIV

¿Qué ignorancia es esa
de despertar
sin cielo,
sin suelo, *tan pronto*,
con los dedos moviéndose
en esa dirección
curvando el aire
hacia un aire
que se desentiende de olvidarnos
todavía y
más aún?

LXV

Flor de la edad:
un cuerpo hasta ninguna
condición
se revuelve otra noche empezada
contra un filo del tiempo
que le habían arrancado
de pronto, de
raíz. Se tensa. No
es una negación. Nada
más saberlo saluda
la suerte por la que, por amor,
otros no lejos le
hacen el vacío.

LXVI

Oyendo tu
canción final
me doblo contra mi vientre.
La ausencia mía, sin ti,
¿qué sentido crees
que retiene? ¿no ves
que ahora, al fin, para nosotros
se vence el sol,
que está todo el suelo sembrado
de desaparecidos?

Donde íbamos a hablar
apareció, tras el vidrio, algo así como
una vida, otra
vida. Como sucede a veces,
a través de la memoria,
el venero no consiente: no olvida
esa espesura de la nieve
antes de que sea vista.
La explicación está dentro del sueño,
pero ese sueño está fuera de ti
que, con vivir, *perdonas*
que no haya una certidumbre
que no sea la de que hay un
último
secreto.

LXVIII

Aunque
no conoces a nadie
ni nadie te conoce en una
tierra como esta tierra despertada
por la fuerza, *¿puedes*
(por detrás de esa extrañeza
que te produce la luz)
ver lo que hay dentro,
buscar fuera
de mí?

(Aile)

LXIX

Tiempo, voz, casi
cielo. Para el futuro esta luz
no es nada. Y ninguna leyenda
se nos resiste o sana,
sustituye el silencio
que no hay ya: no
más dentro
del cuerpo sino
más bien el cuerpo dentro
de esa verdad: de lo que
no sé
de ti.

LXX

Toda la noche y
toda la verdad... son
palabras
a la búsqueda de cualquier cosa
menos de sí mismas. A lo mejor
se están quedando a solas. Qué
alegría no tachada
venir de algún final. Ahora
hasta el aire de mañana
se convierte en un mundo: en una cantidad
de cielo, una cantidad de tierra y una
cantidad de movimiento. No hay
voz. Las nubes más perdidas
encuentran una razón
de más. Nos sorprenden
avanzando sin nada
que recordar, libres,
con la cabeza descubierta.

(M. Rothko / F. Hölderlin)

LXXI

Si se pudiera decir *yo*
digo como quien dice
que ha visto que las pruebas se hunden
por el peso de su propio valor,
de la confianza
en su significado: que no
es preciso volver a ser testigos
si no es para mirar
pasar un sol oscuro, solo,
hasta despedirse en lo más
cierto del cielo.

LXXII

A oscuras
sin alguna verdad,
sin alguna obediencia
que defender como no
fuera de aire queriendo
ser aliento. Sin ningún
nombre para darnos: va
a durar, a empezar
a ocurrir.

Índice

I.   [Dentro de esa inocencia...]   11

II.   [¿Por qué no escribir...]   12

III.   [Por lo demás que no...]   13

IV.   [¿De verdad que *no te acordabas*...]   14

V.   [Cielo...]   15

VI.   [Y ni siquiera es...]   16

VII.   [Desde antes de...]   17

VIII.   [De por sí...]   18

IX.   [Salvo que viene de él...]   19

X.   [Por aquel entonces...]   20

XI.   [No miraste hacia atrás...]   21

XII.   [Y, *si hay un puente*...]   22

XIII.   [A todo esto...]   23

XIV.   [Era la única forma...]   24

XV.   [Cuando oigas hablar de ley...]   25

XVI.   [Después de ver lo libre...]   26

XVII.   [Quisiera estar más dentro de tu olvido...]   27

XVIII.   [Sigue tú con la vista...]   28

XIX.   [Habla también tú...]   29

XX.   [No se...]   30

XXI.   [Gente sin sol...]   31

XXII.   [Más de noche de la nada...]   32

XXIII.   [Su claridad de conciencia...]   33

XXIV.   [Todo lo que no sea...]   34

XXV.   [Por mucho adiós que...]   35

XXVI.   [Ay, tanto que digo y oigo...]   36

XXVII.   [Por fuera del desenlace...]   37

XXVIII.   [Ninguna herencia...]   38

XXIX.   [Da tiempo...]   39

XXX.   [Lo único que quería...]   40

XXXI.   [Tal vez...]   41

XXXII.   [Cielo arriba...]   42

XXXIII.   [Una voz...]   43

XXXIV.   [Saliendo de la niebla...]   44

XXXV.   [Nada entre tierra y cielo...]   45

XXXVI.   [Un camino exterior...]   46

XXXVII.   [¿Por qué de algún corazón...]   47

XXXVIII.   [Lo único como lo que...]   48

XXXIX.   [Aliento hacia el cristal...]   49

XL.   [Las palabras no significan...]   50

XLI.   [Tiempo al tiempo...]   51

XLII.   [Por debajo del cielo...]   52

XLIII.   [Aquí hay un bosque...]   53

XLIV.   [Deja oír...]   54

XLV.   [A falta de otra cosa...]   55

XLVI.   [Hasta lejos...]   56

XLVII.   [Igual que los espejos sirven...]   57

XLVIII.   [Casi es el cielo...]   58

XLIX.   [Nunca es nunca...]   59

L.   [Por eso...]   60

LI.   [Los ojos que allí querían...]   61

LII.   [Defendemos el miedo...]   62

LIII.   [Presencia de casi todo...]   63

LIV.   [Aunque fueran palabras...]   64

LV.   [Mudez, mudanza nueva...]   65

LVI.   [Sobre cómo se habla...]   66

LVII.   [*Aunque se termine el libro...*]   67

LVIII.   [El permiso de nadie que no se devuelve...]   68

LIX.   [Siempre...]   69

LX.   [Escribir no es una forma...]   70

LXI.   [¿Qué silencio?...]   71

LXII.   [Cuántas veces...]   72

LXIII.   [En esas noches...]   73

LXIV.   [¿Qué ignorancia es esa...]   74

LXV.   [Flor de la edad...]   75

LXVI.   [Oyendo tu...]   76

LXVII.   [Donde íbamos a hablar...]   77

LXVIII. [Aunque...]   78

LXIX.   [Tiempo, voz, casi...]   79

LXX.   [Toda la noche y...]   80

LXXI.   [Si se pudiera decir *yo*...]   81

LXXII.   [A oscuras...]   82